How to Draw Books for Kids

Learn How to Draw Cute Animals with Step by Step Drawings

ISBN-13: 978-1979077569
ISBN-10: 1979077568
Copyright © 2017 Tanya Turner
All rights reserved.

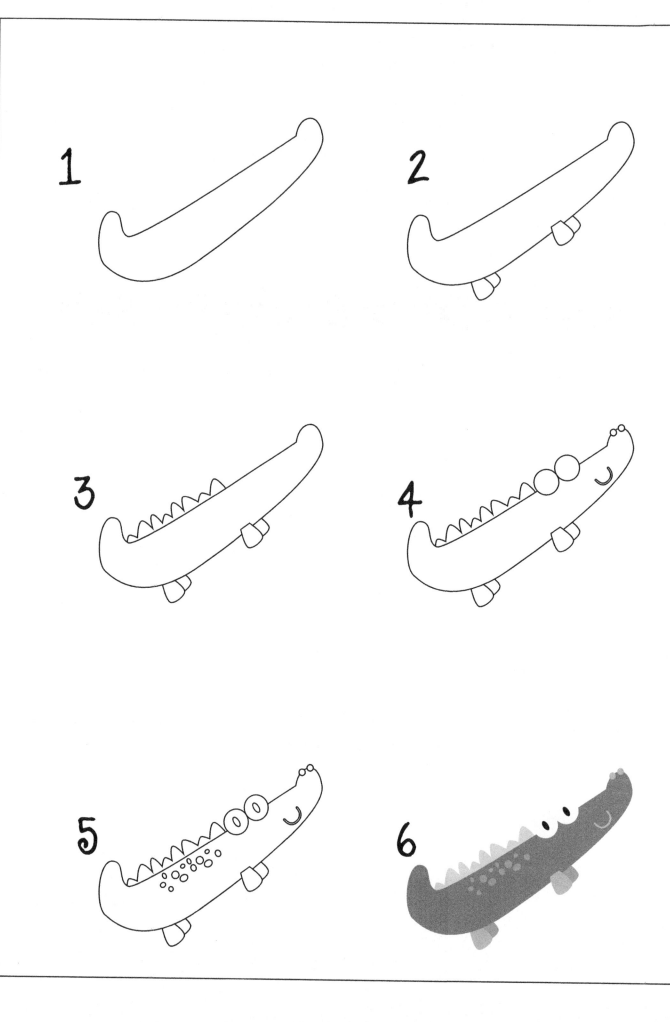

Now, it's your turn

Now, it's your turn

Now, it's your turn

Now, it's your turn

Now, it's your turn

1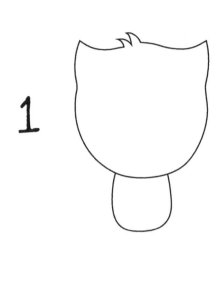

2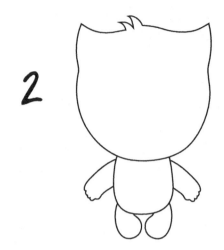

3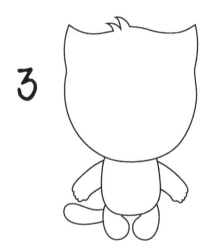

4

5

6

Now, it's your turn

Now, it's your turn

1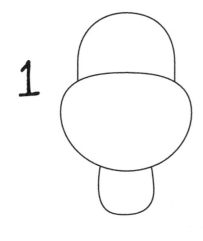

2

3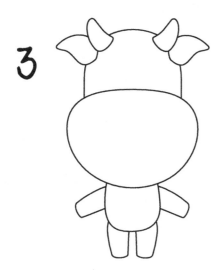

4

5

6

Now, it's your turn

1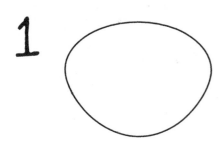

2

3

4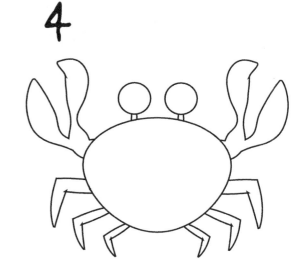

5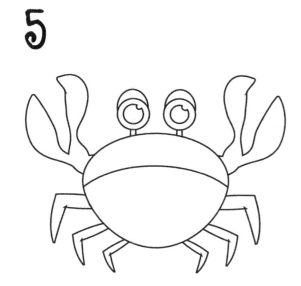

6

Now, it's your turn

1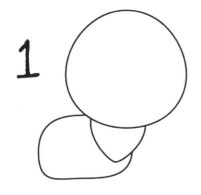

2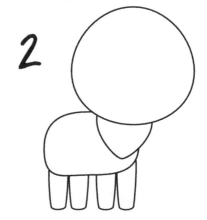

3

4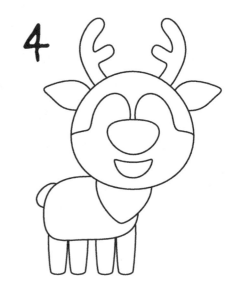

5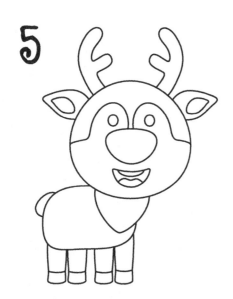

6

Now, it's your turn

1

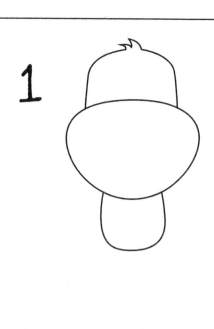

2

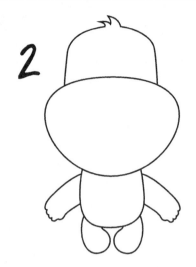

3

4

5

6

Now, it's your turn

1

2

3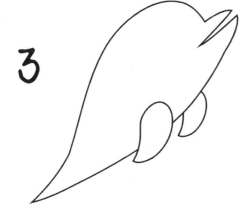

4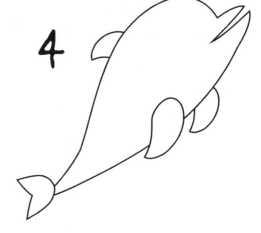

5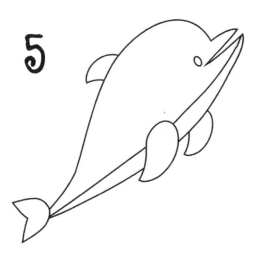

6

Now, it's your turn

Now, it's your turn

Now, it's your turn

1

2

3

4

5

6

Now, it's your turn

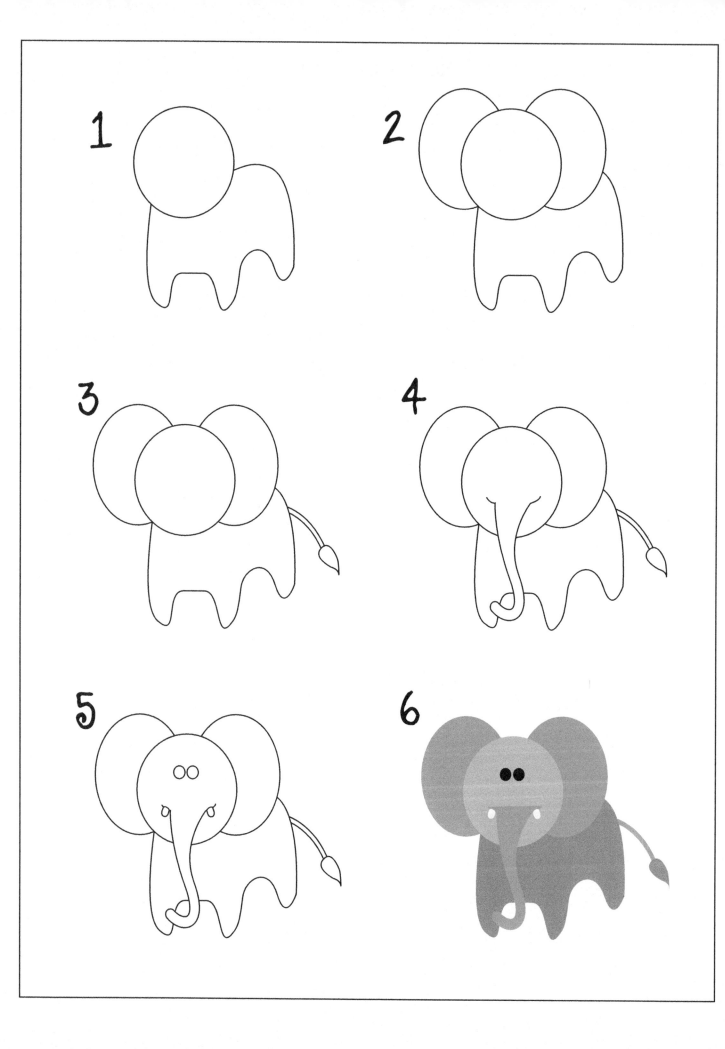

Now, it's your turn

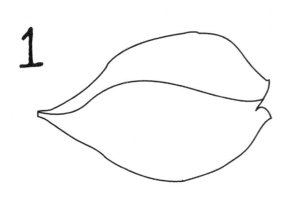
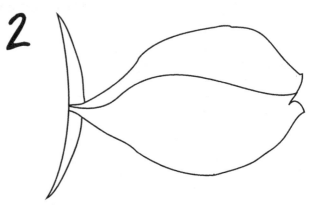
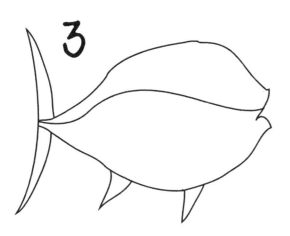
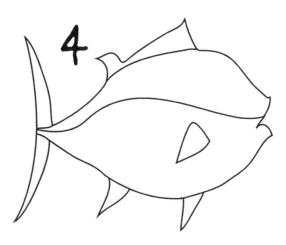
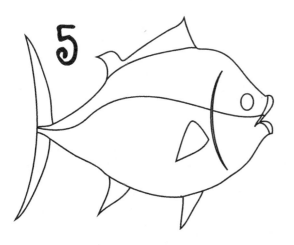
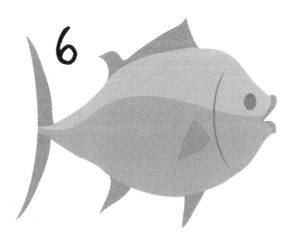

Now, it's your turn

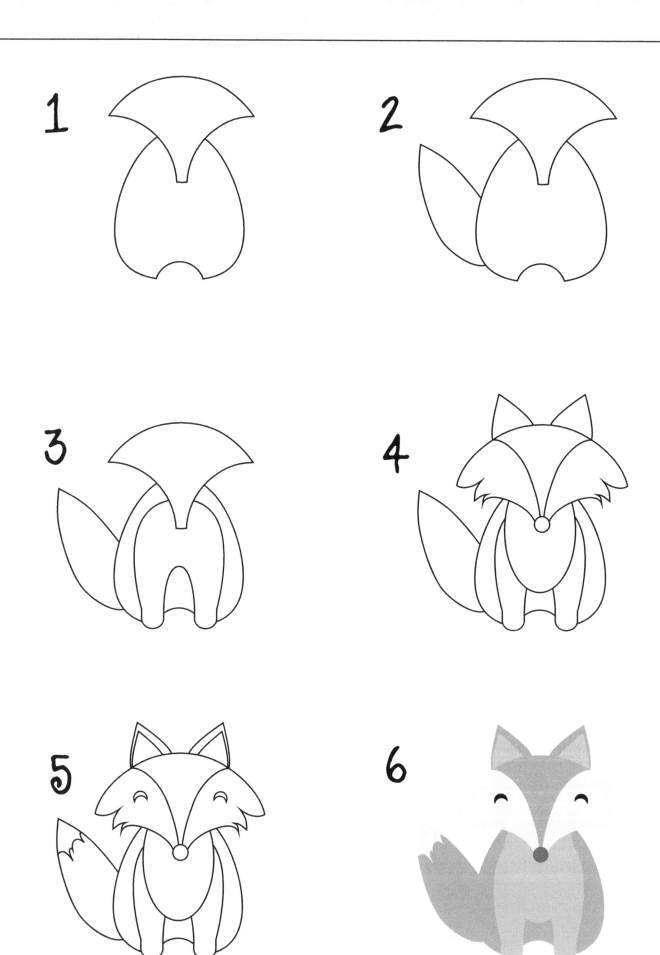

Now, it's your turn

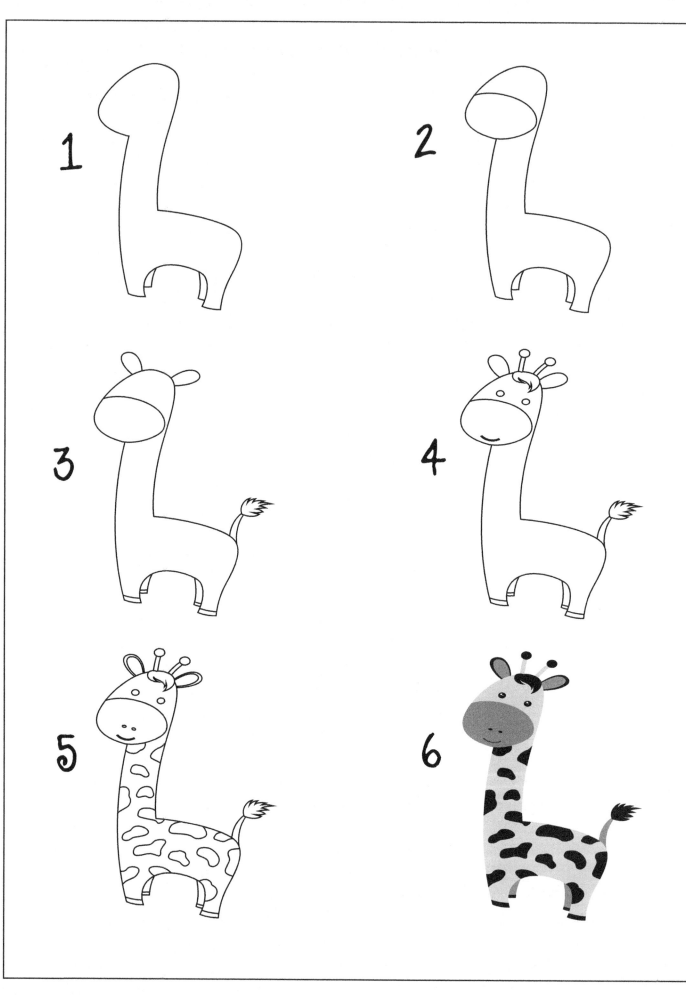

Now, it's your turn

Now, it's your turn

Now, it's your turn

Now, it's your turn

1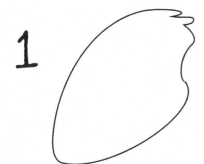

2

3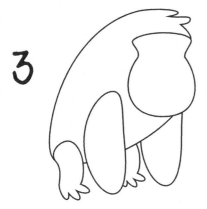

4

5

6

Now, it's your turn

1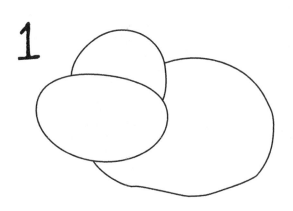

2

3

4

5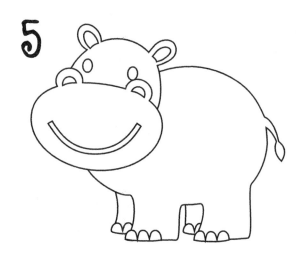

6

Now, it's your turn

Now, it's your turn

1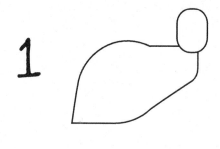

2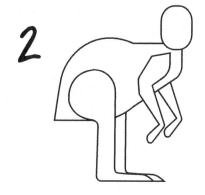

3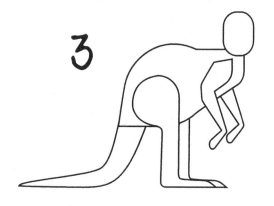

4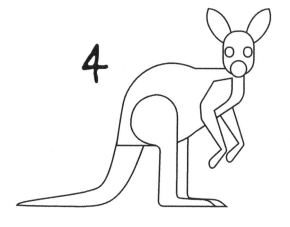

5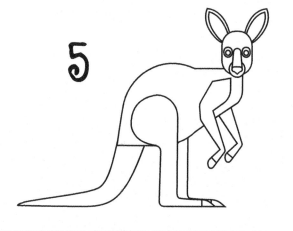

6

Now, it's your turn

Now, it's your turn

1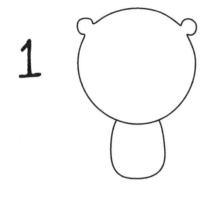

2

3

4

5

6

Now, it's your turn

Now, it's your turn

1

2

3

4

5

6

Now, it's your turn

1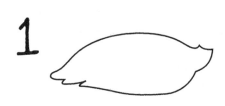

2

3

4

5

6

Now, it's your turn

Now, it's your turn

Now, it's your turn

1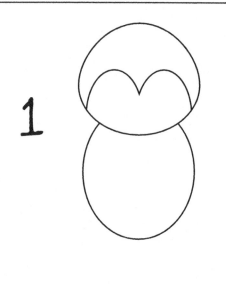

2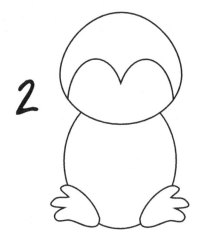

3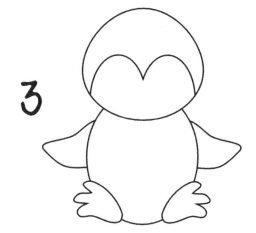

4

5

6

Now, it's your turn

Now, it's your turn

Now, it's your turn

1

2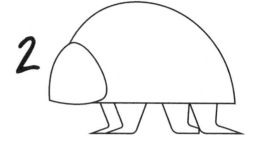

3

4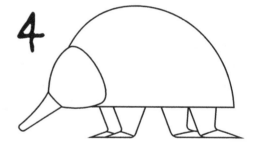

5

6

Now, it's your turn

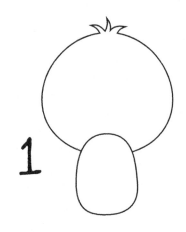

1

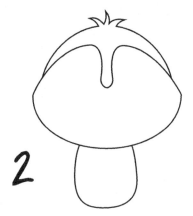

2

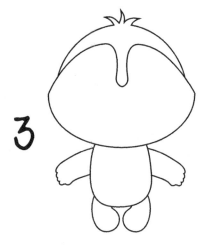

3

4

5

6

Now, it's your turn

Now, it's your turn

Now, it's your turn

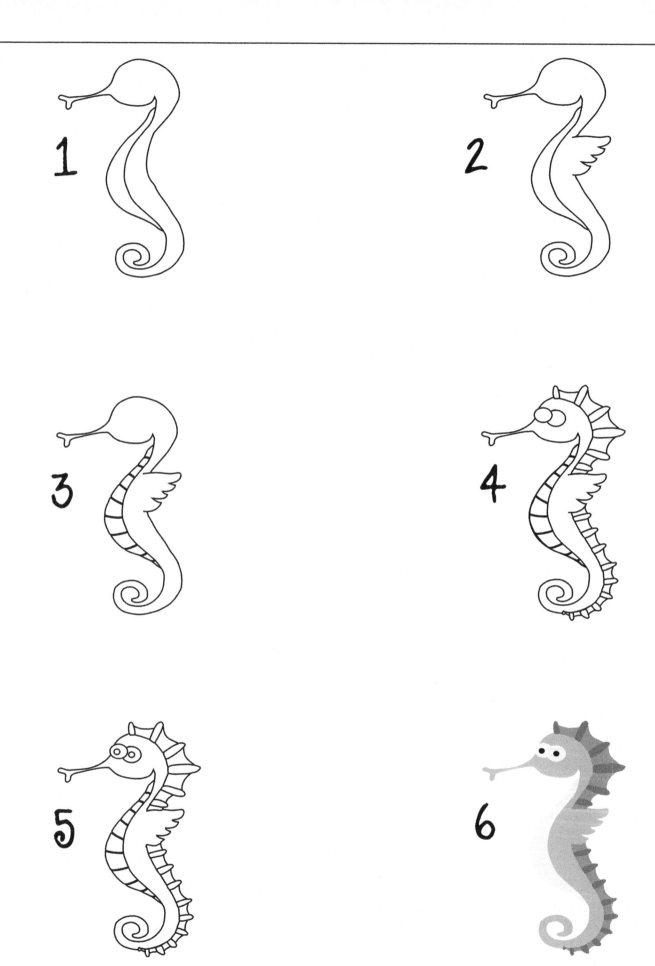

Now, it's your turn

1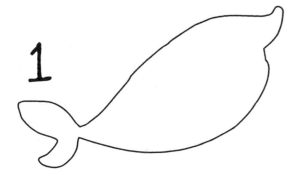

2

3

4

5

6

Now, it's your turn

Now, it's your turn

Now, it's your turn

1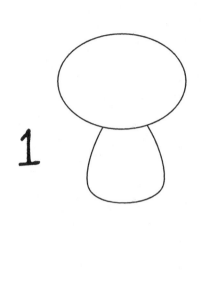

2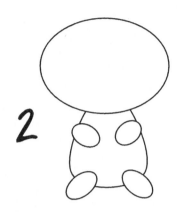

3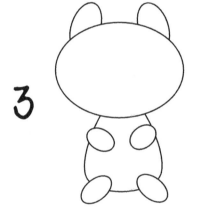

4

5

6

Now, it's your turn

Now, it's your turn

Now, it's your turn

1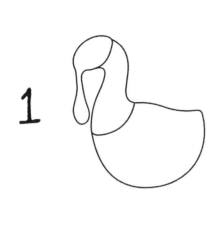

2

3

4

5

6

Now, it's your turn

1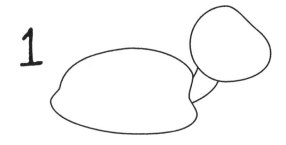

2

3

4

5

6

Now, it's your turn

Now, it's your turn

Now, it's your turn

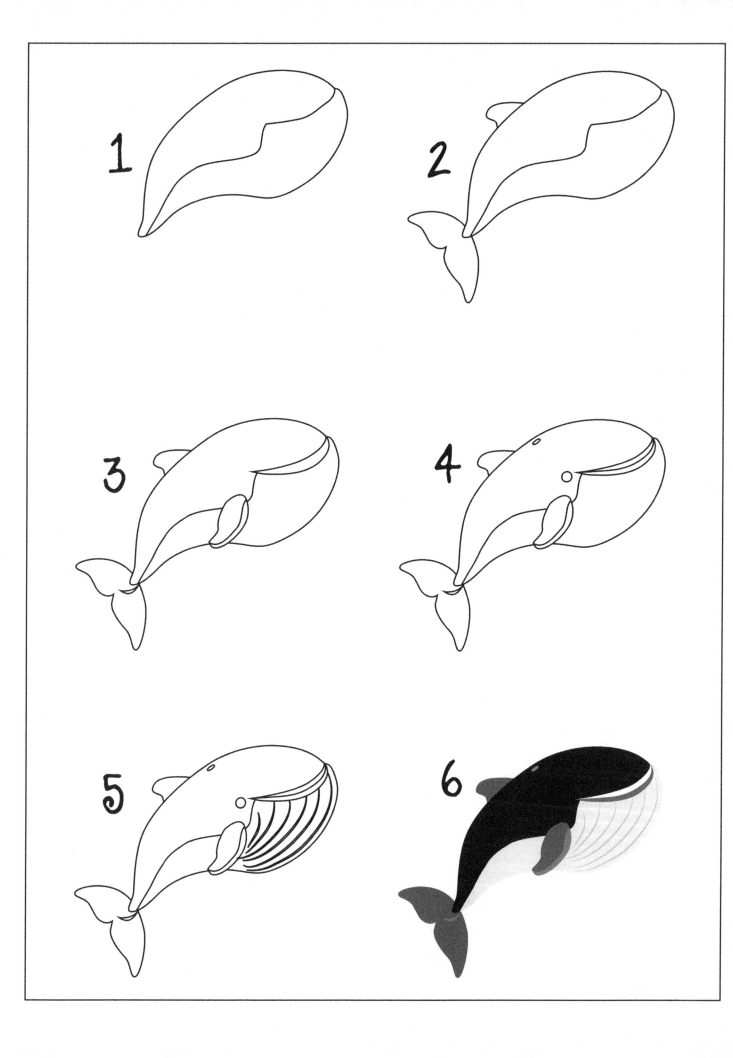

Now, it's your turn

Now, it's your turn

Now, it's your turn

1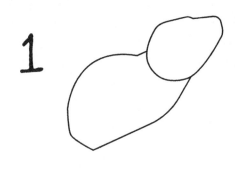

2

3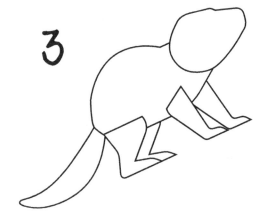

4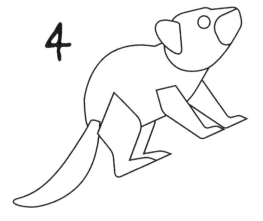

5

6

Now, it's your turn

Made in the USA
Coppell, TX
22 February 2022

73935688R00059